AF260280

DÉNONCIATION

DE M. L'ABBÉ GRÉGOIRE,

Et de sa LETTRE *du 8 Juin 1791, adressée aux Citoyens de couleur & Nègres libres de Saint-Domingue, & des autres Isles Françaises de l'Amérique, &c.*

Eh quoi ! Mathan, d'un prêtre est-ce-là le langage ?

A P A R I S,

Au Bureau de la FEUILLE DU JOUR, rue de Bondi, N°. 74, à côté de l'Opéra ; Et chez les Marchands de Nouveautés,

1791.

A L'ASSEMBLÉE NATIONALE.

L A France ne peut rester isolée sans périr; ses Colonies & ses alliances sont nécessaires à sa vie. La conservation de ses Colonies & de ses alliances tiennent à l'existence réelle d'un Roi.

Assiégé par les clameurs de ceux dont je repousse les aggressions, j'écris ces réflexions (1) avant de savoir s'il existe en France un Roi; mais elles me semblent tellement constitutionnelles, que je n'hésite point de les dédier aux Représentans de la Nation, à la tête d'un Ouvrage qui livre à l'indignation des vrais Français, un de ceux qui se sont déclarés, avec le plus d'audace, ennemis du Roi & des Colonies.

CHARLES DE CHABANON,
Député de Saint-Domingue.

____

(1) 10 *Juillet* 1791.

l'intervalle de deux jours, elle en ait détruit les sa-
lutaires effets ? Par quelle fatalité les Colons,
étayés par quatre comités, lui ont-ils, en vain, dé-
montré que l'intérêt général de la Nation, autant
que le leur en particulier, réclame en cette cause,
sa protection spéciale, contre des philosophes qui,
par délire de vertu, se livrent, d'après Clarkson,
à des déclamations qui ne sont que des développe-
mens purement oratoires.

L'organe d'un Colon (dussent tous ses compa-
triotes adopter et signer son opinion), paroissant
insuffisant, faudroit-il, auprès du commerce, chercher un appui pour cette importante démarche ?

Cette question, ce doute, tournent à la honte de
la Nation. Eh quoi ! un peuple immense, qui s'est
spontanément constitué *peuple François,* se trouve
réduit à combiner ses secours, lorsqu'il s'agit sim-
plement d'obtenir un acte de justice du corps législatif !

Le commerce, d'ailleurs !... Ah ! lorsque, par
des pétitions récidivées, des hommes de couleur,
en très-petit nombre, fixés à Paris, *et désormais
étrangers aux Colonies, sans caractère, sans mission
aucune émanée des Colonies;* lorsque, dis-je, ce petit
nombre d'hommes de couleur sollicitoit d'être admis à la barre, afin d'obtenir les droits de *citoyens
actifs,* les Colons, individuellement ou par corpo-
rations, firent passer des adresses à toutes les
chambres de commerce et aux manufactures prin-
cipales du royaume.

Bien que l'importance d'unir leurs démarches à
celles des Colonies, fût évidemment démontrée aux

négocians, les Colons n'ont obtenu qu'une foible et partielle assistance de leur part.

Ils n'en gémiroient pas, ces Colons, si une conscience moins pure pouvoit leur reprocher d'avoir pris pour base de leurs prétentions, des projets injustes et tyranniques ; s'ils avoient seulement permis d'entrevoir, en eux, des intentions contraires au bon ordre, au patriotisme et à l'humanité.

Que vouloient-ils ? Qu'ont opposé les députés des Colonies à la pétition des gens de couleur ?

Que cette pétition devoit originer des Colonies : que l'initiative promise par deux décrets aux assemblées coloniales, et articulée, *comme volonté ferme*, dans le *considérant* du décret du 12 Octobre, fût convertie *en décret constitutionel, conformément à l'expression littérale et précise de l'Assemblée Nationale.*

Y a-t-il rien de plus simple, de plus clair, de plus juste ?

Encore si, dans quelque écrit, dans des opinions imprimées ou émises à la tribune ; si, dans quelque relation de voyageurs aux Antilles, on pouvoit puiser, d'une manière authentique et probante, que le projet étoit irrévocablement formé de priver à jamais et completement de toute fonction administrative des hommes libres, propriétaires et contribuables, parvenus, par une série de *générations légitimes*, à effacer la tache originelle de l'esclavage !

Le dédain que les Colonies ont éprouvé de la part de l'Assemblée Nationale, et l'abandon qu'ils ont à reprocher au commerce, à la place de Bordeaux sur-tout, seroient pleinement justifiés. Mais d'où induira-t-on l'ombre d'un soupçon à cet égard ?

Les imprécations calomnieuses d'une société fanatique, et les singeries imitatives des clubistes provinciaux. Voilà ce qui a paralysé les chambres de commerce lorsqu'il importoit le plus à leur patriotisme, de développer de grands mouvemens. Voilà ce qui a entraîné une grande partie de l'Assemblée Nationale à étouffer, par d'éclatans murmures, les voix qui réclamoient la justice, et qui faisoient valoir l'intérêt de la Nation : ainsi deux décrets ont été rendus nuls, par un décret qui leur est contradictoire. Cet épisode, dans les travaux de l'Assemblée Nationale, est bien étrange.

Quoi qu'il en soit, la raison et l'équité ne se lasséront pas d'élever leur voix.

Ce que, dans des comices tumultueux, l'Assemblée Nationale n'a pu entendre, elle l'entendra dans le calme d'une dissertation mesurée et réfléchie.

Je dénonce donc M. l'abbé Grégoire à l'Assemblée Nationale, au commerce, à la Nation entière, aux citoyens de couleur même ; il est impossible qu'il n'ait pas excité l'improbation de ceux-ci par ses principes exagérés. Ils les ont démentis ; je le prouverai. Certes, la crainte de se rendre coupable d'ingratitude et d'attentat à la vérité, est bien puissante *sur des ames* qui sortent pour ainsi dire des mains de la Nature, puisqu'elles résistent à l'exemple et aux insinuations d'un ministre des autels.

La manière la plus efficace d'attaquer M. l'abbé Grégoire, est de faire connoître sa lettre ; il ne sera pas même nécessaire d'y ajouter beaucoup de commentaires. La lettre entière et quelques notes marginales, suffiront pour faire *juger* l'Ouvrage et son Auteur.

LETTRE écrite par M. GRÉGOIRE, *Député à l'Assemblée Nationale, Evêque du Département de Loire & Cher, aux Citoyens de couleur, &c.*

» A m i s,

» Vous étiez hommes, vous êtes citoyens et réintégrés dans la plénitude de vos droits ; vous participerez désormais à la souveraineté du peuple. Le décret que l'Assemblée Nationale vient de rendre à votre égard, sur cet objet, n'est point une *grace ;* car une *grace* est un *privilége,* un *privilége* est une *injustice* (1) ; et ces mots ne doivent plus *souiller* le code des François. En vous assurant l'exercice des droits politiques, nous avons acquitté *une dette* (2) ; y manquer eût été un crime de notre part et une tache à la constitution. Les législateurs d'une Nation libre pouvoient-ils faire moins pour vous que nos

Notes.

(1) Quel cliquetis de mots !--- *Grace,* synonime de *privilége ! Privilége, une injustice !* M. l'ex-curé d'un petit village de Lorraine n'oublie certainement pas que la crosse et la mître sont une *grace* qu'il a obtenue ; que cette *grace* est un *privilége* refusé à d'autres bons curés, en sa faveur. Il veut donc que l'on conclut qu'en le faisant évêque,

Notes.　　　　　　　　*Texte.*

on a commis une *injustice.*
Soit.

(2) Que parlez-vous de
dette ? il n'en est pas de
plus sacrées que de res-
pecter les propriétés : ou
si , *comme souverains* ,
vous en disposez (n'im-
porte de quelle manière)
vous devez la payer dès
qu'elle est acquise légi-
timement.

anciens despotes ?

» Il y a plus d'un siè-
cle que Louis XIV avoit
solennellement reconnu
et proclamé vos droits (3);
mais ce patrimoine (4)
sacré avoit été envahi (5)
par l'orgueil et la cupi-
dité qui , graduellement ,
aggravoient votre joug

(3) M. Moreau de Saint-Méry a réfuté victorieu-
sement cette citation mal interprétée d'un édit de
1685, en citant le texte de vingt arrêts, ordonnances et édits postérieurs, qui établissent entre les
blancs et les affranchis une distinction telle , par
exemple, que Louis XIV, par une ordonnance du
10 Juin 1705, veut que » les hommes de couleur
» libres, qui recèleront des esclaves fugitifs, soient
» vendus au profit du fisc «.

Les mandemens de M. l'évêque de Blois diffè-
rent un peu de ces ordonnances. La suite de sa
lettre va prouver qu'il ne vise à rien moins qu'à
armer les gens de couleur, non pas seulement pour
recéler les esclaves , mais pour les rendre libres.

(4) *Patrimoine !* Ils sont nés de mères esclaves.
Toujours abus de mots.

(5) *Idem.* Des négresses esclaves , *achetées* en
Afrique, faisant en Amérique des mulâtres auxquels les Colons ont donné la liberté, un métier ou

Notes.

des propriétés ; qui ont eux-mêmes acheté des esclaves qui jouissoient de tous les agrémens de la vie civile *alors que le despotisme ministériel ne laissoit pas d'autres jouissances aux Colons mêmes.* Voilà ce que M. l'abbé G. appelle *un patrimoine envahi.*

(6) Prouvez, M. l'abbé, par des pièces authentiques, ou vous êtes un calomniateur.

(7) Et c'est sans exception aucune que M. l'abbé Grégoire fait aux Colons de si atroces inculpations ! tout ce qu'on raconte des Cannibales et des Antropophages n'en approche pas ; nos Colonies sont donc pires que des repaires de bêtes féroces ; car *les pères,* nulle part, *n'exercent des cruautés contre leurs enfans.* N'est-ce pas-là le langage de Mathan ? D'ailleurs, la vérité ! les preuves de *cet acharnement, de cette cruauté,* ou vous êtes un imposteur.

Texte.

et empoisonnoient votre existence (6.).

La résurrection de l'empire François ouvrit vos cœurs à l'espérance, et ce rayon consolateur adoucit l'amertume de vos maux. A peine les soupçonnoit-on en Europe ; les Colons blancs, qui qui siégeoient parmi nous, se plaignoient très-vivement de la tyrannie ministérielle ; mais ils n'avoient garde de parler de la leur. Jamais ils n'articuloient les plaintes des malheureux sang-mêlés, qui toutefois sont leurs enfans ; et c'est nous qui, à deux mille lieues de distance, avons été contraints de défendre les enfans contre le mépris, l'acharnement, contre la cruauté de leurs pères (7).

A 4

Note.

(8) Où sont ces réclamations des hommes de couleur résidens dans les Colonies ? Des procès-verbaux ! ou bien la calomnie est avérée.

(9) C'est-à-dire, que les Colons, sans exception., *n'en ont pas.* La *vraisemblance* seulement, autorise-t-elle de pareilles invectives ? et elles se placent sous la plume d'un prêtre, dans le style érotique de l'Eglogue !

Texte.

Mais vainement on a tenté d'étouffer vos réclamations ; vos soupirs, malgré l'étendue des mers qui nous séparent, vos maux ont retenti (8) dans le cœur des François d'Europe , car ceux-ci ont un cœur (9).

» Dieu, dans sa tendresse, embrasse tous les hommes ; son amour n'admet de différence que celle qui résulte de l'étendue de leurs vertus (10) ;

(10) *Dieu embrasse bien différemment tous les hommes : il admet* entre eux, *d'énormes différences*, et celle, notamment de la liberté à l'esclavage. Sans parler de tous les peuples de la terre, auxquels Dieu a permis d'avoir des esclaves, puisque M. l'abbé Grégoire veut, à cet égard, s'aveugler sur les monumens les plus authentiques de l'histoire ; en ministre de la religion, du moins devroit-il ne pas perdre de vue la Genèse. On y lit (chap. XLVII, vers. 18, 19), *Et nos et terra nostra tui erimus ; eme-nos in servitutem regiam.*

. . . .

Emit igitur Joseph, etc.

» Il ne reste rien auprès du Seigneur, que nos » corps et nos terres. *Achetez-nous donc, nous et* » *notre terre,* pour du *pain* : nous serons *serviteurs* » *esclaves* de Pharaon «.

Notes. | *Texte.*

Ou M. l'abbé Grégoire ignore…. jusqu'à la Genèse, ou bien il en dénature et insulte le texte, en affirmant que Dieu *n'admet*, parmi les hommes , d'autre *différence que celle de la* vertu.

(11) Horace a peint à merveille le style de M. l'abbé Grégoire, quand il a dit : *Projicit ampullas et sesquipedalia verba.* Il faut que ce style soit épiscopal ; car il rappelle ce que, prêchant au centre d'un orchestre , dans le *Cirque du Palais-Royal*, le prélat *du Calvados* disoit : » l'Univers se tient » debout sur la terre pour » saluer la Nature . . . . » . . . . . . L'immensité » de la Nature va de Dieu » à Dieu, sans passer par » le néant, qui n'est un

la loi qui doit être une émanation de l'éternelle justice, pourroit-elle consacrer une prédilection coupable, et la Patrie, qui surveille tous les membres de la grande famille , pourroit-elle être la mère des uns, la marâtre des autres?

» Non, Messieurs, vous ne pouviez échapper à la sollicitude de l'Assemblée Nationale. En déroulant aux yeux de l'Univers la grande Charte de la Nature (11), elle y a retrouvé vos titres : on avoit tenté de les faire disparoître ; heureusement les caractères en étoient ineffaçables, comme l'empreinte sacrée de la divinité gravée sur vos fronts (12).

» passage que pour l'absurdité «. (Voyez N°. 7, du journal de la *Bouche de Fer,* second discours, prononcé par *Claude Fauchet,* à l'assemblée de la confédération universelle des *Amis de la Vérité*).

(12) Ceci est du style oriental, et peut très-bien

Notes.	*Texte.*

être considéré comme le paragraphe du verset : *Nigra sum, sed formosa ideo introduxit me, etc.*

(13) Qui donc fait mentir *le papier*, ou de celui qui interprète une *instruction* contradictoirement à *un décret*, ou ceux qui s'en tiennent *au sens positif de ce décret* ? Il est essentiel d'en retracer ici le texte littéral. » L'Assemblée » Nationale n'entend » point comprendre les » Colonies dans la cons- » titution qu'elle a dé- » crétée pour le royaume. Les Colons n'ont ja- mais desiré ni demandé autre chose, pour prix de leurs richesses, et en échange de la protection qu'on leur accorde : est- ce donc là faire mentir le papier ?

(14) C'est au moment où M. l'abbé Grégoire travestit un décret, qu'il fait cette question. Cela rappelle la première fable

» Déjà, le 28 Mars 1790, dans son instruction pour les Colonies, l'Assemblée Nationale avoit compris sous une dénomination commune, et les blancs et les sang-mêlés : vos ennemis ont voulu faire *mentir le papier*, en im- primant le contraire (13); mais il est incontestable que quand alors je de- mandai que nominative- ment vous y fussiez com- pris, une foule de dépu- tés, dont plusieurs plan- teurs, s'empressèrent de crier que l'article vous enveloppoit dans sa gé- néralité ; et M. Barnave lui-même, qui me l'avoit dit, cédant à mes inter- pellations multipliées, vient enfin d'en faire l'a- veu à la face de l'Assem- blée. N'avois-je pas raison de craindre qu'une inter- prétation *perverse* ne tra- vestît nos décrets (14)? Des vexations nouvelles, à votre égard, et vos

Notes.

de *Phèdre*, où le fabu-
buliste fait dire (par cer-
tain interlocuteur) : *Tur-
bulentam cur mihi facis
aquam ?*

(15) Des preuves, des
procès-verbaux, des re-
lations de voyageurs :
vous n'en produisez pas.
Donc, vous calomniez.
La persécution de ce di-
lemme est accablante.

(16) Pourquoi négliger
de produire cet effet sur
tous vos lecteurs, homme
de Dieu ? Pourquoi ne
pas produire ces lettres?
à la vérité des lettres de
quelques individus sans
caractère, ne seroient pas
des pièces probantes,
n'importe : M. l'abbé
Grégoire auroit excité
quelques mouvemens d'a-
tendrissement ; sa lettre,
en vérité, a besoin de ce
corrrectif.

(17) Puisque nous *sui-
vons de près* M. l'abbé
Grégoire sur le chapitre
de *la vérité*, il n'est pas

Texte.

maux portés à leur com-
ble, n'ont que trop justi-
fié mes apréhensions (15).
Les lettres que j'ai reçues
de vous, à ce sujet, ont
fait couler mes larmes (16)
La postérité s'étonnera,
s'indignera, peut-être,
que pendant cinq jours
consécutifs (17) on ait dé-
battu votre cause, dont
la justice est portée à l'é-
vidence. Hélas ! quand
l'humanité est réduite à
lutter contre la vanité et
le préjugé, son triomphe
est une pénible conquête !

» Depuis long-temps la
Société des Amis des
Noirs s'occupoit des
moyens d'adoucir votre
sort et celui des esclaves;
il est difficile, impossible
peut-être, de faire impu-
nément le bien, et son
zèle respectable lui a
mérité bien des outrages.
Des hommes vils se ca-
choient sous l'anonyme,
pour lancer sur elle leur
venin ; et dans d'impu-

| *Notes.* | *Texte.* |

inutile de faire remarquer avec quelle facilité il l'altère dans les plus legères circonstances : il dit *cinq jours* consécutifs, et la discussion n'a duré que *du jeudi au dimanche.* C'est une misère, mais par les petites choses on juge des grandes, dans des cas graves.

(18) On se croiroit à une séance de réception à l'Académie Françoise. Le 8 Juin, M. l'abbé Grégoire exalte, comme *un héros*, M. Raimond, parce qu'il a debité à la barre les diatribes et factums de la fabrique épiscopale. --- Deux jours après, M. Raimond, flagornant son panégiriste, assure « qu'on trouvera » toujours M. l'abbé Gré- » goire au chemin de la » justice ».

dens libelles, ils ne cessoient de répéter des objections et des calomnies cent fois pulvérisées. Que de fois, les pervers, ils nous ont accusés d'être vendus aux Anglois, soudoyés contre la France, par les Anglois, de vous avoir adressé des lettres incendiaires et envoyé des armes. Vous le savez, mes amis, combien elles sont lâches et atroces, ces impostures, nous qui vous avons prêché sans cesse l'attachement à la mère Patrie, la résignation, la patience, en attendant le réveil de la justice. Rien n'a pu attiédir notre zèle ni celui de vos frères sang-mêlés qui sont à Paris. M. Raimond, sur-tout, s'est voué d'une manière héroïque à votre défense (18). Avec quel transport vous eussiez vu ce citoyen distingué, à la barre de l'Assemblée Nationale, dont il mérite d'être membre; présenter le tableau déchirant de vos malheurs, et réclamer énergiquement vos droits ! Si l'Assemblée les eût sacrifiés, elle eût flétri sa gloire. Le devoir lui commandoit de décréter avec justice, de s'expliquer avec clarté, de faire exécuter avec fermeté : elle l'a fait ; et si (ce qu'à Dieu ne plaise) quelque événement caché dans le sein de l'avenir, nous arrachoit nos Colonies, ne vaudroit-il pas mieux avoir une perte à déplorer, qu'une injustice à nous reprocher.

» Citoyens, relevez vos fronts humiliés ; à la dignité d'hommes, associez le courage, la fierté d'un Peuple libre : le 15 Mai, jour où vous avez reconquis vos droits, doit être à jamais mémorable pour vous et vos enfans. Cette époque réveillera périodiquement en vous les sentimens de la gratitude envers l'Etre Suprême, et puissent alors vos accens frapper la voûte des Cieux vers lesquels s'élèveront vos mains reconnoissantes !

» Enfin, vous avez une Patrie, désormais vous ne verrez au-dessus de vous que la Loi ; l'avantage de concourir à sa création, vous assurera le droit imprescriptible de tous les peuples , celui de n'obéir (19) qu'à vous-mêmes.

» Vous avez une Patrie, et sans doute elle ne sera plus une terre d'exil, dans laquelle vous ne rencontriez que des maîtres et des compagnons de malheur ; ceux-là dis-

Notes.

(19) Quel précepte ! *Le droit imprescriptible de n'obéir qu'à soi - même !* M. l'abbé a-t-il réfléchi à l'application que les Colons peuvent se faire de ce précepte ? Quel cas feront-ils des Décrets? *le*

Notes.

droit imprescriptible de tous les peuples étant reconnu, de n'obéir qu'à eux-mêmes? Avec ce principe, comment l'Assemblée Nationale se mêle-t-elle de la constitution intérieure et du régime des Colonies ?

(20) Quel monstrueux amas d'horreurs dans tous ces mots soulignés ! Il force à le répéter : *Eh ! quoi, Mathan, d'un prêtre est-ce-là le langage ?*

(21) On observera que M. l'abbé Grégoire, qui *connoît si bien les nuances,* devroit ne pas aller si loin pour prêcher sa morale : qu'il commence par les Thuileries et le Palais Royal, à la chute du jour. Là, plus que par-tout ailleurs, s'intéressant en bon Citoyen à la population, et en bon prêtre, *aux chastes douceurs de l'union conjugale,* il trouvera un vaste champ pour opérer, par ses prédications, que *ces douceurs*

Texte.

tribuant, ceux-ci recueillant *le mépris et les outrages. Les sanglots de votre douleur* étoient punis comme des cris de rébellion; placés *entre les poignards et la mort,* ces contrées malheureuses furent souvent imbibées de vos larmes, *quelquefois teintes de votre sang* (20).

Vous avez une Patrie, et sans doute le bonheur luira sur les lieux qui vous ont vu naître ; alors vous goûterez en paix les fruits des champs que vous aurez cultivés sans trouble ; alors sera comblé l'intervalle qui, plaçant à grande distance les uns des autres les enfans d'un même père, étouffoit la voix de la Nature et brisoit les liens de la fraternité ; alors les chastes douceurs de l'union conjugale, remplaceront les sales explosions de la débauche, qui insultoit à la majesté des mœurs (21).

Notes.	*Texte.*
remplacent les S. . . . . Ma plume trop pudibonde peut-être, se refuse à tracer deux fois ces expressions pastorales.	Et par quel étrange renversement de raison étoit-il honteux à un blanc d'épouser une femme de couleur, tandis qu'il n'étoit pas désho- norant de vivre avec elle dans un libertinage gros- sier (22) ? Plus l'homme

(22) Nous continuons à exhorter M. l'abbé Gré- goire à combattre *de plus près* les petits préjugés de ce genre, et nous dou- tons que, *malgré la loi de l'égalité,* on parvienne jamais à détruire la *honte d'épouser* tant de milliers de créatures, que le voile de la nuit invite à *insul- ter à la majesté des mœurs,* dans tous les carrefours et les jardins publics.

Nous remarquons aussi que M. l'abbé Grégoire n'a pas déroulé ici la grande charte de la nature ; car, même quand les hommes naissoient vraiment libres et égaux en droits, il étoit difficile qu'ils s'ac- couplassent tous conjugalement. Cette nature, va- riée à l'infini, produisoit de belles et de laides fem- mes, dans ce temps-là comme aujourd'hui ; elle pro- duisoit les individus de chaque sexe en nombres inégaux, mais égaux en besoins ; il n'étoit donc guères possible que le *grossier libertinage* n'eût pas dès-lors, établi son règne. La civilisation devoit étendre ce règne ; elle a divisé la terre en proprié- tés, et multiplié, pour le plus grand nombre, la difficulté de pourvoir à la subsistance de ses rejettons. *Inde mali labes.* De-là, le recours à des moyens plus faciles pour satisfaire aux loix de la nature ; de-là, la nécessité de consulter bien des convenances et des rapports établis par cette civilisation ! Prenez votre parti , Monsieur l'abbé ; votre théologie , votre logique et votre ré-thorique ne parviendront pas à faire que nous ne soyons pas civilisés , ni à détruire ces inconvéniens de la civilisation.

(23) *Mutato nomine de te fabula narratur.*

(24) M. l'abbé Grégoire en est la preuve ; car il ne mettroit pas la vie et les propriétés de tant de milliers de Citoyens en danger, sans autre inté-rêt que celui de *l'orgueil* de l'humanité.

(25) Nous avons déjà dit qu'en fait de vé-rité , il n'y a point de minuties , sur - tout pour un ministre du Dieu de vérité. Voici une cir-

est dénué de vertus, plus il cherche à s'entourer de distinctions frivoles ; et quelle absurdité , de vouloir fonder un mérite sur les nuances de la peau, sur les teintes plus ou moins rembrunies du visage ! L'homme qui pense rougit quelquefois d'être homme, quand il voit ses semblables aveu-glés par un tel délire (23); mais comme malheureu-sement l'orgueil est la passion la plus tenace (24) le règne du préjugé se prolonge ; car l'homme semble ne devoir attein-dre la vérité qu'après avoir épuisé toutes les chances de l'erreur.

» Il n'existe point dans nos Colonies orientales, ce préjugé contre lequel elles ont réclamé par l'organe de MM. Mon-neron (25). Rien de plus touchant que l'éloge des gens de couleur, tel que l'ont consigné les habi-

constance

Notes.

constance moins minu-
tieuse. Pourquoi, parlant
de l'organe des Colonies
orientales, M. l'abbé Grégoire dit - il : *Messieurs
Monneron , au pluriel ?*
L'un d'eux est député de
la sénéchaussée d'Ano-
nay ; il n'y en a qu'*un*
qui le soit de l'*Inde*, et
M. *Beglié*, *seul* collègue
de celui-ci, n'a point ap-
puyé son opinion. Rien
n'est plus adroit que ce
trait ; car ces altérations
sont si légères, en appa-
rence, qu'elles peuvent
échapper, et elles sont
très-graves. Il en résulte
qu'avec une M de plus

Texte.

tans de cette partie du
monde dans leurs instruc-
tions pour leurs députés
à l'Assemblée Nationale.
L'Académie des Sciences
de Paris s'honore de
compter au nombre de
ses correspondans , un
mulâtre de l'Isle - de-
France (25) parmi nous,
un nègre estimé est ad-
ministrateur du district
de Saint-Hypolite , dans
le département du Gard.
Nous ne croyons pas que
la différence de la peau
puisse établir des droits
différens entre les mem-

avant un nom, *toutes* les Indes orientales, qui n'ont
que deux représentans à l'Assemblée Nationale,
paroissent souscrire au système de M. l'abbé Grégoire, tandis qu'il n'y a que l'opinion isolée d'un
individu. C'est ainsi que le véridique prélat donne
l'opinion de quatre hommes de couleur (MM. Raimond l'aîné, Honoré Saint Albert , Fleury, Du-
soulchay-Saint-Réal), pour celle de tous les mulâtres résidens dans les Colonies.

(25) A merveille : il n'y a pas un Colon qui n'ap-
plaudisse à ce tribut payé au mérite.

B

Notes.

(26) Combien de personnes diront à M. l'abbé Grégoire qu'il n'y a que cette ardeur d'admission qui soit étrange de la part des députés des Colonies ! Nous ne sommes cependant pas de cet avis ; il s'en faut. Nous mesurons autrement que ceux qui, n'étant point intéressés à cette cause, ne l'approfondissent pas, l'étendue des ravages qu'auroient occasionnés, dans les Colonies, M. l'abbé Grégoire et autres sectaires, s'ils n'avoient point eu de contradicteurs dans l'Assemblée Nationale.

(27) De l'exactitude donc, M. l'abbé ! Les dé-

Texte.

bres de la société politique ; aussi vous ne trouverez pas ces orgueilleuses petitesses dans nos braves Gardes Nationales qui veulent aller en Amérique assurer l'exécution de nos décrets. Pénétrés des sentimens louables qu'a manifestés la ville de Bordeaux, ils vous diront avec elle, que le décret relatif aux gens de couleur, rédigé sous les auspices de la prudence et de la sagesse, est un hommage à la raison et à la justice ; que les députés des Colonies ont calomnié vos intentions et celle du commerce. Elle est bien étrange, la conduite de ces mandataires sollicitant ardemment à Versailles leur admission

dans l'Assemblée (26), jurant avec nous, au Jeu-de-Paume, de ne pas nous quitter que quand la constitution seroit achevée, et nous déclarant ensuite, après le décret du 15 Mai dernier, qu'ils ne peuvent plus siéger parmi nous (27). Cette désertion est un abandon des principes et une brèche à

<table>
<tr><td>

putés des Colonies ont déclaré qu'ils envoyoient le décret à leurs commettans, et qu'en attendant leurs ordres, « ils » croyoient devoir s'abstenir de prendre part » aux délibérations de » l'Assemblée Natio- » nale ».

Cela est très-différent que de déclarer ne pouvoir plus y siéger ; ce qui seroit une démission.

Du reste, quelle a été la conduite de ces députés que M. l'abbé Grégoire calomnie, en dénaturant leurs démarches ? Un danger imminent a paru menacer l'Etat ; Paris a pu devenir un

</td><td>

la religion du serment.

Déjà les Colons blancs, qui sont dignes d'être François (28), s'empressent d'abjurer des préventions ridicules, pour ne voir en vous que des frères et des amis (29). Avec quelle douce émotion nous citons ces paroles des Citoyens actifs de Jacmel : « nous vouant à » suivre, sans restriction, » les décrets de l'Assem- » blée Nationale sur notre » constitution présente et » à venir, et nous confor- » mer à ceux qui pour- » roient en changer la » substance (30) ». Les

</td></tr>
</table>

théâtre de guerre civile ; alors, les députés des Colonies ont volé vers l'Assemblée. Les applaudissemens et l'accueil fraternel qu'ils y ont reçus, sont une égide qui repousse les imprécations calomnieuses de M. l'abbé Grégoire.

(28) Nous renvoyons à l'article précédent.

(29) La citation, la liste signée des Colons, ou nous vous déclarons imposteur.

(30) Cela se croit facilement. Quand l'Assemblée

Notes.

Nationale a prononcé for-
mellement le 8 Mars 1790,
» qu'elle n'entend point
»comprendre les Colonies
» dans la constitution
» qu'elle a décrétée pour
» le royaume, ni les
assujettir à des loix contraires à leurs convenan-
ces particulières »......
Quand l'Assemblée Na-
tionale, le 12 octobre suivant, « déclare la *ferme*
» volonté d'établir, com-
» me *article constitution-*
» *nel,* qu'elle ne statuera
» sur l'état des person-
» nes, que sur la demande
» expresse et formelle *des*
» *assemblées* coloniales ».

Texte.

Citoyens du Port-au-
Prince disent à l'Assem-
blée Nationale les mêmes
choses en d'autres ter-
mes : « Daignez, Mes-
» sieurs, recevoir le ser-
» ment que la municipa-
» lité prête entre vos
» mains, au nom de la
» commune du Port-au-
» Prince, de respecter et
» exécuter ponctuelle-
» ment tous vos décrets,
» et de ne jamais s'en
» écarter, sous quelque
» prétexte que ce puisse,
» être ».

Très-confians en ces deux promesses solemnelles, les habitans de Jacmel n'ont jamais dû penser ni *craindre* que le 10 Mars 1791, ils fournissoient, par ce dévouement, un prétexte à quelques-uns de nos législateurs, pour entraîner l'Assemblée Nationale à manquer à de telles promesses. Il faudroit que la municipalité de Jacmel, applaudissant au décret du 15 Mai, déclarât désormais ce dévouement. Et encore! M. l'abbé Grégoire ne seroit pas plus fondé à exciper du vœu de Jacmel, contre celui de toutes les Colonies, qu'il ne le seroit à se prévaloir du vœu d'une petite muni-

Notes.

cipalité contre celui des 83 Départemens.

(31) 1°. Nous répétons que ceci est une supposition fausse : les blancs ne *jouissoient d'aucun avantage politique.* Excepté les fonctions de juges dans les tribunaux, (où encore le général et l'intendant présidoient) tout a dérivé de ces deux administrateurs jusqu'à présent. Par eux, les Colons étoient assujettis au joug ministériel. . Instruisez - vous donc, saint prélat, car vous voyez que volontairement et involontairement vous choquez sans cesse la vérité.

2°. Expliquez - vous sur le mot *arracher.* Prenez-y garde ; il ne présente que l'idée d'un *acte de violence.* Vous me forcez donc à vous répéter : *eh quoi, Mathan !*

(32) *D'un prêtre est-ce-là le langage ?*

(33) Ce mot *arrachant,*

Texte.

» Ainsi, la philosophie agrandit son horizon dans le Nouveau Monde, et bientôt d'absurdes préjugés n'auront plus pour sectateurs que quelques tyrans subalternes, qui voudroient perpétuer en Amérique le règne du despotisme écrâsé en France. Et qu'eussent-ils dit, si les gens de couleur avoient tenté d'arracher aux blancs la jouissance des avantages politiques (31)? Avec quelle force ils eussent réclamé contre cette vexation! Ils écument de rage (32) de voir qu'on vous ait révélé et rendu vos droits. Par l'espoir de consoler leur orgueil irrité, peut-être ils s'épuiseront en efforts, pour faire échouer le succès de nos décrets; ils tenteront une secousse qui, *arrachant* les Colonies (33) à la mère-patrie, leur facilite les moyens d'échapper à leurs créan-

Notes. — *Texte.*

que vous employez si fa-milièrement, Monsièur l'abbé, est-il ici le mot propre? S'adapte-t-il à des Colons qui se sont donnés très-spontané-ment à la France? Et ciers (34). Ils n'ont cessé de semer la terreur, de dire qu'un acte de justice à votre égard ébranleroit Saint-Domingue (35).

votre principe donc? Exceptez-vous le peuple des Antilles du droit imprescriptible de tous les peuples, de n'obéir qu'à eux-mêmes? Vous l'avez fait im-primer deux fois ce principe anarchique : « les peu-» ples tiennent de Dieu le droit imprescriptible de » ne dépendre que d'eux-mêmes (*) ». *Ex ore tuo te judico.*

(34) Nous avons vu des invectives grossières, des suppositions hasardées, la calomnie, l'imposture ; il manquoit un jugement téméraire : la charité, cri de l'Evangile, permet-elle à un évêque d'affir-mer, par avance et sans preuves, qu'en défendant leurs propriétés, les Colons ne veulent que frustrer leurs créanciers ?

(35) Ils n'ont pas dit cela : (pardon, homme de bien, qui ne voyez que mensonge ! Ils n'ont cessé de dire qu'ils vouloient faire eux-mêmes l'acte de

---

(*) *Voyez la Lettre de M. l'abbé Grégoire à ses diocésains, sur le départ du Roi, si toutefois il est des lecteurs qui puissent parcourir, sans frémir, ce nouvel arsenal de poignards, aussi gratuitement offert au peuple, et toujours avec quelque palliatif, pour servir d'échappatoire.*

Notes.

justice à l'égard des gens de couleur , parce que cette marche importoit au bon ordre et à la sûreté des Colonies. Ils ont proposé pour cela un congrès à l'île neutre de Saint-Martin. Ils ont allégué et réclamé l'initiative promise par deux décrets, et c'est antérieurement au décret du 15 Mai (qu'on prenne bien garde à cette circonstance) qu'ils n'ont *cessé* de représenter qu'un manquement à cette parole produiroit de sinistres effets sur la confiance , non pas de Saint-Domingue seulement , mais de toutes les Colonies. Le décret rendu , ils ont observé le silence et se sont tenus à l'écart. Lecteurs , témoins de ces faits , jugez de l'exactitude et de la dévotion de M. l'abbé Grégoire pour la vérité !

N. B. Que tout ce qu'il impute aux Colons *seuls* a été présagé et répété

Texte.

Dans cette assertion , nous n'avons vu que mensonge ; nous aimons à croire qu'au contraire le décret va serrer les nœuds qui vous unissent à la métropole. Le patriotisme éclairant votre intérêt et vos affections, c'est encore vers la métropole que vous dirigerez vos opérations commerciales, et les tributs mutuels de l'industrie établiront entre la France et ses Colonies un échange constant de fortune et de sentimens fraternels. Si vous étiez infidèles à la France , vous seriez les plus vils et les plus méchans des hommes. Non, généreux Citoyens, vous ne serez point traîtres à la patrie ; cette idée seule vous pénètre d'horreur ; ralliés avec tous les bons François sous les drapeaux de la liberté, vous défendrez notre sublime constitution. Un jour, des dé-

Notes.	Texte.
cent fois à la tribune par l'organe de quatre comités réunis et par plusieurs opinans très - étrangers aux Colonies, entr'autres M. l'abbé Maury et M. Barnave. (36) Voici une petite excursion assez remarquable : par le titre, et jusqu'ici, la lettre étoit écrite pour les gens de couleur, et comme instruction pour le décret du	putés de couleur franchiront l'Océan pour venir siéger dans la diète nationale, et jurer avec nous de vivre et de mourir sous nos loix. Un jour, le soleil n'éclairera parmi vous que des hommes libres ; les rayons de l'astre qui répand la lumière ne tomberont plus sur des fers et des esclaves (36).

15 Mai. Point du tout ! ce n'étoit qu'une route détournée, un chemin couvert pour venir attaquer encore l'initiative promise par le décret du 13 Mai, sur l'état des personnes non libres. Monsieur le chargé de reliques ! ce n'est pas seulement le petit bout, c'est bien l'oreille toute entière qui passe. Comment ! un décret rendu le 13 Mai, vous l'attaquez le 10 Juin suivant ! Vous le commentez comme vous avez commenté l'instruction du 28 Mars 1790 ! et quand un décret nous dit affirmativement « que le corps législatif ne statuera jamais sur le sort des personnes non libres, que sur la demande expresse et spontanée des assemblées coloniales », vous prononcez affirmativement que l'Assemblée Nationale n'a fait que temporiser, en n'associant pas encore les esclaves au sort des hommes de couleur libres ! *Quò, quà scelesti*

Notes.

mitis, (Horace, epod 7); *aut cur dexteris aptantur enses ?*

(36) *Mucte animo gene-rose....*

(37) Citez les impos-tures, où l'argument est, de droit, retorqué contre vous.

(38) Sont-ce là les lu-mières du christianisme que M. l'abbé Grégoire répand ? Pourquoi n'imi-te-t-il pas ces courageux missionaires, qui ont été les répandre dans les con-trées du monde qui y étoient le plus inaccesi-bles ? Je l'exhorte, lui qui est philosophe, à lire, dans le dictionnaire phi-

Texte.

L'Assemblée Nationale n'a point encore associé ces derniers à votre sort, parce que les droits des citoyens, concédés brus-quement à ceux qui n'en connoissent pas les de-voirs, seroient, peut-être, *pour eux*, un pré-sent funeste ; mais n'ou-bliez pas que, comme vous, ils naissent et demeurent libres et égaux (36). Il est dans la marche irré-sistible des événemens, dans la progression des lumières que tous les peu-ples dépossédés du do-maine de la liberté récu-pèrent enfin cette pro-priété *inadmissible.*

» On vous reproche, plus qu'aux blancs, de la dûreté envers les Nègres ; mais, hélas ! on a ré-pandu tant d'impostures contre vous (37), que pru-demment nous devons élever des doutes sur cette accusation : si cependant elle étoit fondée, agissez de manière qu'au plutôt une médisance devienne une calomnie.

» Vos oppresseurs ont souvent repoussé loin des esclaves les lumières du Christianisme (38), parce

Notes.

Iosophique de Voltaire, à l'article *missions* , le dialogue d'un jésuite avec M. *Audrais.*

(39) Prenez donc son caractère et son style.

(40) Ah ! Monsieur l'abbé ! rappelez-vous donc le chapitre 47, verset 18 et 19 de la Genèse. Ce n'est-là ni de *l'égalité*, ni de la *liberté.*

(41) On remarquera qu'après ces dégoûtantes impostures , M. l'abbé Grégoire dit : *charité est le cri de l'évangile.* Quand M. l'abbé prêchera-t-il l'évangile ?

(42) En termes de guerre et d'escrime, ceci est un appel en règle.

(43) M. Grégoire a oublié non-seulement la genèse, mais encore tous les monumens de l'histoire. Ils attestent que les Spartiates, les Athéniens, les

Texte.

que la religion de la douceur (39), de l'égalité, de la liberté (40), ne convenoit point à la férocité de ces hommes de sang (41). Que votre conduite contraste entiérement avec la leur. *Charité* est le cri de l'Evangile, vos pasteurs le feront retentir au milieu de vous ; ouvrez vos cœurs à cette morale divine dont ils sont les organes. Nous avons allégé vos peines, allégez celles de ces malheureuses victimes (42) de l'avarice, qui arrosent vos champs de leurs sueurs, et souvent de leurs larmes ; que l'existence ne soit plus pour les esclaves un supplice ; par vos bienfaits à leur égard, expiez les crimes de l'Europe (43).

Romains, etc. etc. ont eu des esclaves aussi durement traités, que ceux de l'Amérique le sont humainement par les Colons François. Voilà ce que M. Grégoire appelle les *crimes* de l'Europe.

Notes.   *Texte.*

(45) L'art de M. Grégoire se déploie ici tout entier. Avec quelques mots très - clair - semés, comme progressivement, il s'est réservé la ressource d'usurper le caractère de pacificateur ; comme si ce peu de mots, perdu parmi tant d'accessoires incendiaires , pouvoit amortir la rage et la soif de vengeance que les imprécations d'un prêtre doivent exciter dans l'ame des esclaves contre leurs maîtres. C'est-à-dire, que si les provocations de M. l'abbé Grégoire, pour la liberté, s'effectuoient par l'effusion du sang de tous

En les amenant progressivement à la liberté (45), vous accomplirez un devoir, vous vous préparerez des souvenirs consolateurs, vous honorerez l'humanité, vous assurerez la prospérité des Colonies. Telle sera votre conduite envers vos frères les Nègres : mais que devez-vous faire à l'égard de vos pères les blancs ? sans doute il vous sera permis de verser des pleurs sur les cendres de Ferrand de Baudière, de cet infortuné Ogé, légalement assassiné (46), et mourant

les blancs qui sont dans les Colonies ; cachant alors son triomphe sous le masque de l'hypocrisie, il feindroit de plaindre les victimes égorgées : » ce n'est » pas ma faute, s'écrieroit-il piteusement ; j'avois » écrit d'amener progressivement leur liberté «. Cette infernale machination est évidemment tracée dans sa lettre.

(46) C'est donner à la loi, aux tribunaux, le caractère de l'assassinat. Les vengeurs du parricide de Ravaillac sont des assassins, selon M. l'abbé Grégoire.

Notes.   *Texte.*

(47) Le mulâtre Ogé étoit libre ; ce n'est donc pas pour avoir voulu être libre qu'il est mort sur la roue. Excité par le fanatisme de la secte des amis des noirs , il est parti de France pour l'Amérique. Il s'y est rendu furtivement par l'Angleterre et la Nouvelle-Angleterre. A peine arrivé à Saint-Domingue, il y a levé une petite armée, a envoyé un manifeste aux commandans et aux assemblées administratives. Enfin, le procès-verbal de son jugement dépose qu'il y a eu, de sa part, complication de vols , pillages, poison, assassinats et incendies ; dans sa caste même, tout mulâtre qui a refusé de s'engager dans la troupe, a été assassiné avec sa femme et ses enfans. Voilà ce que M. l'abbé Grégoire appelle mourir sur la roue, pour avoir voulu être libre... Auguste vérité ! sainte Religion ! Dieu ! avouez-vous de tels ministres ?

sur la roue, pour avoir voulu être libre (47) ; mais périsse celui d'entre vous qui oseroit concevoir contre vos persécuteurs des projets de vengeance.* D'ailleurs , ne sont-ils pas livrés à leurs remords et couverts d'un éternel opprobre ? L'exécration contemporaine ne devancera-t-elle pas , à leur égard , l'exécration de la postérité (48)? Ensevelissez, dans un oubli profond, tous les ressentimens de la haine, goûtez

(48) *Opprobre , exécration !*... Peut-on concevoir que ce soient-là les paroles de paix et les préliminaires par lesquels M. l'abbé Grégoire se propose de faire ensevelir, dans un oubli profond, tous les

Notes.

ressentimens de la haine ?

(49) *La liberté !* Celle de dix - neuf mille hommes de couleur, qui sont à Saint - Domingue seulement, est-elle venue de France ? N'est-ce pas un don des Colons ?

(50) *La justice !* Cherchez donc une fois *la vérité*, et vous saurez que dans nos tribunaux, il arrive fréquemment que les blancs perdent leurs procès contre les gens de couleurs. Sachez que dans l'affaire d'Ogé il y a eu deux blancs suppliciés.

(51) *Le bonheur !* Qu'ils disent, ces nègres, que Raymond dise s'il y a aucun *de nos esclaves, bons sujets*, qui voulût troquer son bonheur actuel contre le sort misérable des cultivateurs journaliers de vos campagnes !

(52) Il faut l'avouer; c'est acquérir et prodiguer ces titres à bon marché. Ces prétendus concitoyens, sont des Africains

Texte.

le plaisir délicieux de faire du bien à vos oppresseurs, et même réprimez les élans trop marqués d'une joie qui, en rappelant leurs torts, aiguiseroit contre eux la pointe du repentir.

Religieusement soumis aux lois, inspirez-en l'amour à vos enfans; qu'une éducation soignée developpant leurs facultés morales, prépare à la génération qui vous succédera, des citoyens vertueux, des hommes publics, des défenseurs de la Patrie.

» Comme leurs cœurs seront émus, quand, les conduisant sur vos rivages, vous dirigerez leurs regards vers la France, en leur disant : par de-là ces parages est la mère-patrie ; c'est de là que sont arrivés chez nous la liberté (49), la justice (50) et le bonheur (51); là sont nos concitoyens, nos frères et nos amis (52); nous

Notes.

très-heureux d'avoir été tirés de leur pays natal, où la guerre et l'esclavage sont horribles. Ils ont été payés fort cher par les Colons François. Sans rembourser ce qu'ils ont coûté, M. l'abbé Grégoire leur dit : « vous êtes libres, nos égaux, nos concitoyens, nos frères, et nos amis ». Mais, comment les nègres parviendront-ils à ce point si desiré par M. l'abbé Grégoire ? Lui seul et quelques philosophes, peuvent y penser sans frémir. Quel sort auront cent mille François livrés ainsi à sept cent mille Nègres ? Que deviendront leurs terres, leurs manufactures établies à grands frais, puisqu'il est dû quatre cents millions au commerce ? Que deviendra seulement cette créance de votre commerce, de ce commerce qui fait la richesse de la France ? L'homme, vraiment humain et philosophe, pâlit devant ces perspectives inévitables, et c'est un jeu pour la nouvelle secte. La vie et les propriétés des Colons, l'anéantissement du commerce et de la richesse de l'état, ne sont rien : cette phrase dite aux nègres et aux mulâtres : » Vous êtes nos concitoyens, nos » frères et nos amis ; nous vous avons juré une « amitié éternelle «, tient lieu de tout.

Texte.

leur avons juré une amitié éternelle. Héritiers de nos sentimens, de nos affections, que vos cœurs et vos bouches répètent nos sermens ; vivez pour les aimer, et s'il le faut, mourez pour les défendre.

Signé GRÉGOIRE.

Paris, ce 8 juin 1791.

La première réflexion qui se présente, après la lecture de cette lettre, la voici : » la démarche de » M. l'abbé Grégoire étoit-elle nécessaire ? «

Non-seulement l'Assemblée Nationale a rendu le décret, mais encore elle y a joint une instruction. Ainsi, la lettre de M. l'abbé Grégoire étoit au moins inutile ; or, un zèle superflu, en pareil cas, est bien près de ressembler aux efforts turbulens de l'esprit de secte et de parti.

C'est ce que prouve manifestement ces phrases prophétiques de la lettre.

« Un jour le soleil n'éclairera parmi vous que des » hommes libres ; les rayons de l'astre qui répand » la lumière ne tomberont plus sur des fers et sur » des esclaves.

» N'oubliez pas que, comme vous, ils naissent et » demeurent libres.

» Nous avons allégé vos peines, allégez celles de » ces malheureuses victimes qui arrosent vos champs » de leurs sueurs et souvent de leurs larmes.

» Que l'existence ne soit plus, pour des esclaves, » un supplice, etc. etc. ».

Il est évident que les intentions de M. l'abbé Grégoire n'ont plus d'enveloppe, ne sont plus équivoques.

En vain, les gens de couleur, qu'il avoit affecté, jusqu'à présent, de prendre seuls sous sa tutelle, se flatteroient d'avoir été l'objet de ses soins. Ils n'étoient que le premier échelon par lequel lui et une secte homicide s'élevoient à des tentatives qui ne présagent que des massacres comparables à ceux dont les Saint Bernard, les Squin de Florian, les Fernand Cortez, etc, ont affligé l'humanité.

En vain, les défenseurs des Colonies ont exposé cent fois, avec le langage de la saine raison, que cette terre de feu dévore les Européens accoutumés à un climat tempéré, qu'elle ne peut être cultivée que par ces hommes placés par la nature plus près de l'équateur, dans les sables brûlans et incultes où la guerre, l'esclavage, et même l'antropophagie exercent le plus affreux empire.

En vain, cette raison saine et droite a représenté que la *férocité* (terme familier à M. l'abbé Grégoire) n'est nulle part le caractère des hommes policés, mais que l'intérêt est leur Dieu. Que ce Dieu, que l'avarice aient porté les Espagnols à la férocité, sur le vaste continent de cette partie du Monde, qui renferme, dans son sein, les plus précieux métaux! quoiqu'en frémissant, l'imagination le conçoit; mais les effets opposés s'opèrent ici par la même cause : dévastation, carnage, cruautés, rien ne coûte à l'homme qui a sous sa main des trésors à conquérir; au contraire, celui qui en a la propriété acquise, tout le porte à se la conserver par les plus grands ménagemens. Ainsi s'expliquent les contrastes qui se sont succédés en Amérique dans les mœurs des Européens qui s'y sont transplantés. Ainsi, l'*intérêt* a fait de Cortez et de ses compagnons, des hommes de sang; ainsi, l'*intérêt* seul feroit des Colons d'aujourd'hui, des hommes soigneux à ménager la santé et la vie de leurs esclaves, à

les

les préserver de l'idée seule du maronàge (1).

Ces vérités, cent fois répétées et constatés par le rapport des navigateurs, sont sans réplique ; mais la raison est une digue impuissante contre le fanatisme. Celui de M. l'abbé Grégoire ne peut être contenu par aucune considération. Le respect même dû aux décrets du Corps législatif n'est pas un frein contre ses emportemens. Une courte analyse va le démontrer.

Par un de ses décrets, l'Assemblée Nationale prononce formellement « qu'elle ne statuera jamais » sur l'état des personnes *non libres*, que d'après les » propositions spontanées des Assemblées Colo-» niales ».

Si je prouve que M. l'abbé Grégoire statue sur le sort des personnes *non* libres ; bien plus ! qu'il tire du bienfait rendu aux hommes de couleur, une loi de reconnoissance, pour qu'ils procurent la liberté aux esclaves (2), j'aurai certainement prouvé que M. l'abbé Grégoire agit contre un décret, et, par conséquent, qu'il ne le respecte pas.

Ce décret est celui du 13 mai. En est-il un plus solemnel ? Non ; puisqu'il n'est que la répétition et la confirmation de deux autres décrets.

------

(1) *Désertion des Nègres.*

(2) Eh ! quel peut être, pour les gens de couleur, qui sont avec les blancs en si grande disproportion de nombre et de force, le moyen de procurer cette liberté, si ce n'est le poignard ?

C

A peine est-il rendu, que M. l'abbé Grégoire, franchit les limites que le Corps Législatif a eu la circonspection de s'imposer à lui - même, et , par conséquent, à tous ses membres individuellement. Il propage par-tout une lettre imprimée, et quelle doctrine y professe-t-il ?

Ne craignons pas de répéter ses incendiaires préceptes : « nous avons allégé vos peines , allégez celles » de ces malheureuses victimes. . . . . . N'oubliez pas » que , comme vous , ils naissent libres et égaux ».

M. l'abbé Grégoire leur assure à tous « le droit « imprescriptible de n'obéir qu'à eux-mêmes.

Telle est la décision tranchante qu'un membre de l'Assemblée Nationale place à côté du décret qui confirme exclusivement aux Assemblées Coloniales le droit de prononcer sur le sort des personnes *non libres.*

Si , comme il est impossible de le nier, de telles prédications compromettent les propriétés et la vie des Colons , il ne nous reste plus qu'à mettre aux prises celui qui se les est permises audacieusement, avec la clause suivante du décret du 8 mars 1790.

. . . . « Met les » Colons et leurs propriétés sous la sauve-garde » spéciale de la nation ; déclare criminel envers la » nation, quiconque travaillcroit à exciter des sou- » lèvemens contr'eux ».

Voilà la loi ; j'en invoque l'exécution au nom de tout un peuple. Tel est le texte de ma dénonciation. Comment M. l'abbé Grégoire en éludera-t-il l'effet ? Répondra-t-il, comme il l'a fait à M. *de la Vie*, dans la tribune, en isolant *une* ou *deux* phrases *au plus* de sa lettre ? La voix du loyal député, défenseur de la vérité, a été étouffée ; mais ma plume a un caractère qui ne peut être anéanti par les clameurs de M. l'abbé Grégoire et de son parti.

En reproduisant la lettre entière avec cet écrit, je lui ai donné la vertu du prisme. Les couleurs y sont détachées sans qu'aucune d'elles soit exagérée ni affoiblie. C'est un tableau où l'ensemble du principal objet et de ses conséquences trace aux juges, dans le calme du cabinet, qu'il n'y a plus qu'un moyen de *mettre les Colons et leurs propriétés sous la sauve-garde spéciale de la Nation* ; c'est de faire justice, de tenir sa parole, en traitant comme *criminel envers la Nation*, celui que l'auguste caractère de ministre du Dieu de paix rend plus coupable d'avoir *travaillé*, par sa lettre, *à exciter des soulèvemens contre les Colons*..

Pour affranchir nos plaintes de tout reproche de mauvaise foi, citons celle des phrases de la lettre qui peut le plus servir d'égide à M. l'abbé Grégoire.

« Ensevelissez (dit-il aux gens de couleur) dans
» un oubli profond tous les ressentimens de la
» haine ».

Si nous nous conformons à sa méthode, si nous isolons cette phrase, elle ne respire qu'humanité et concorde.

Joignez la phrase à celle qui la précède immédiatement, l'onction se réduit à ce qu'il en faut pour qu'un trait meurtrier pénètre plus avant.

« *L'exécration* contemporaine devancera, à leur
» égard, *l'exécration de la postérité* ».

La voilà cette phrase : *dévouer à l'exécration !* quel

mot ! De quels excès sanguinaires n'est-il pas le signal ? Et dans l'étrange association que, dans un espace de quatre lignes, M. l'abbé Grégoire fait de ce mot *exécration*, avec *l'oubli des ressentimens de la haine*, qui ne pénètre les intentions adroites de leur perfide auteur ? peut-on douter de l'impression qui prévaudra sur les gens de couleur ? sur des hommes à qui l'éducation n'a point appris à raisonner leurs mouvemens ; sur des hommes à qui l'on dit :
« vous naissez libres et demeurez égaux (1) à ceux
» qui écument de rage de voir qu'on vous ait
» révélé et rendu vos droits (2) ; sur des hommes
» que l'on peint placés entre les poignards et la
» mort (3), dont les sanglots sont punis comme des
» cris de rebellion ; qui habitent des contrées teintes
» de leur sang, etc., etc ; sur des hommes enfin,
qui sont au nombre de sept cent mille, répandus dans ce vaste Archipel de l'Amérique, où il y a, tout *au plus, cent mille* Européens ?

Vengeance ! vengeance ! A la lecture de tant d'imprécations, ce cri doit retentir dans tous les cœurs.

Est-ce donc ainsi que *Barthelemi de Las Casas* exerça son saint ministère dans ces mêmes contrées, *alors vraiment en proie à tous les genres de cruauté et de dévastation ?* Courageusement témoin de ces

---

(1) Page 12.

(2) Page 10.

(3) Page 6.

scènes sanglantes, et digne ministre d'un Dieu de charité, il tendoit aux Indiens une main secourable, et, d'un autre côté, amortissant la rage des Espagnols, il leur promit et tint la promesse de n'adresser que des plaintes à Charles-Quint et à Philippe II : il adoucit enfin le sort des malheureux Indigènes, et obtint en même temps de la clémence pour leurs barbares conquérans.

Rapprocherons - nous de cette conduite évangélique d'un pontife, celle que tient M. l'évêque de Blois ?

Quel contraste ! C'est de loin, et (osons le dire) c'est lâchement que celui-ci prêche sa doctrine, *à l'abri de tout danger et de toute crainte pour ses intérêts.*

A-t-il parcouru ces contrées qu'il dit *être imbibées de larmes et teintes de sang ?* Non.

Produit-il des mémoires de doléances des hommes de couleur *qui sont domiciliées dans les Colonies ?* Non.

Ainsi, par un contraste révoltant avec l'évêque espagnol qui parloit en témoin, en homme instruit, et qui agissoit en ministre du Dieu de paix et de vérité , l'évêque françois marche aveuglément d'assertions en assertions, avec une confiance aussi audacieuse, qu'allarmée et craintive seroit celle d'un accusateur public, qui auroit entre ses mains les procès-verbaux des cruautés qu'il dénonceroit.

Mais ce contraste n'est pas le seul qui dépose contre M. L'Abbé Grégoire ; il y en a un d'autant plus frappant, qu'il existe entre lui et ceux dont il s'est établi le défenseur.

En même temps que M. l'abbé Grégoire produisoit sa lettre du 8 juin, quatre hommes de couleur
en ont fait imprimer une *deux jours plus tard*, pour
la même destination, c'est-à-dire, « afin de servir
» d'instructions aux hommes de couleur et nègres
» libres, résidens dans les Colonies, relativement
» au décret du 15 mai ».

Nous allons extraire littéralement le plus impor-
tant paragraphe de cette lettre, signée *Raymond
l'aîné*, -- *Fleury*, -- *Honoré Saint-Albert*, et *du Soul-
chay Saint-Réal*. Voici ce paragraphe :

« Eh ! sur-tout ne perdez pas de vue ce sentiment
» de la nature qui doit unir les hommes comme des
» frères. Souvenez-vous que si vous l'avez réclamé
» avec force en votre faveur, vos *esclaves* le ré-
» clament aussi pour eux. *Soyez donc humains à leur
» égard.* Ils ne se refuseront pas à donner à leurs
» *maîtres* (1) un travail modéré et suivi, qui n'épui-
» sera pas leurs forces ; sur-tout si vous les encou-
»'ragez par des petits intérêts sur vos plantations ,
» comme cela se pratique par plusieurs habitans (2).

---

(1) Les hommes de couleur, comme on le voit,
appellent esclaves les esclaves, et ils déclarent que
parmi leur caste, ces esclaves ont des maîtres.

(2) Au lieu de plusieurs, il falloit dire par tous les
habitans. Il en est très-peu, du moins, qui n'accor-
dent pas et cette ressource à leurs esclaves, et la
jouissance des fêtes et dimanches, sans avoir eu recours
aux leçons de l'économiste M. Dupont, (ce que c'est

» Encouragez leur population, en accordant aux
» mères de plusieurs enfans plus de temps à employer
» à leur profit ; aidez-les à élever leurs enfans ; qu'ils
» ne soient plus un fardeau pour elles (1). *Accordez-*
» leur *même une liberté entière ,* quand elles vous
» auront donné, *par ce genre de produit ,* infiniment
» plus qu'un travail qui les a exténuées (2) ».

Il n'y a pas un des mots soulignés qui ne soit digne de toute l'attention des lecteurs. On remarquera d'abord, comme chose très-importante, la circonstance dans laquelle cette instruction des gens de couleur a été mise au jour.

C'est immédiatement après que le décret qui leur est si favorable, a été rendu ; c'est, par conséquent, à l'instant d'un triomphe, moment qui porte peu à la modestie et à la modération, si nous en jugeons, du moins, par les instructions et par le style de M. l'abbé Grégoire.

---

que de parler de ce qu'on ne connoît pas) ni à l'exemple de M. Florida Biancha. (Voyez le projet d'instruction de M. Dupont).

(1) Les quatre signataires savent, et ils auront sûrement la bonne foi d'avouer que jamais les enfans des mères esclaves ne sont à la charge de leurs mères.

(2) Ce que nous avons dit relativement à la désertion, autrement dit *maronage ,* à la vie, à la santé des nègres, s'applique ici. L'idole, le Dieu des hommes, *l'intérêt* seul empêcheroit qu'on n'exténuât des hommes aussi précieux.

C 4

C'est alors que quatre hommes de couleur, (*qui peut-être ont été esclaves eux - mêmes*) se bornent à *encourager la population,* parce qu'elle donne un plus grand nombre d'*esclaves* (1).

Répétons-la, cette importante phrase des quatre hommes de couleur.

« Accordez-leur (à ces mères de plusieurs en-
» fans) *même une liberté entière,* lorsqu'elles vous
» auront donné, *par ce genre de produit, plus* qu'un
» travail qui les eût exténuées ».

Le mot *même,* souligné, a sa valeur ; car il ex-prime ici le *maximum* de ce qu'il est possible d'*ac-corder,* autant que le plus puissant motif pour ac-corder. La phrase, en tout, prouve évidemment que ceux mêmes, dont la *liberté entière* prend sa source dans l'*affranchissement,* et qui, par conséquent, ne devroient pas plaider pour l'entretien de cette source, prétendent n'*affranchir les esclaves* qu'à bon escient ; c'est-à-dire, lorsque, *sur-tout,* des mères auront rempli, *avec usure,* le déficit que leur *liberté en-tière* occasionneroit dans les atteliers.

L'expression la plus remarquable de cette phrase, est celle de *genre de produit,* appliquée *à des hom-mes,* parce qu'elle porte le caractère le plus positif de l'esclavage.

Ici, le lecteur me permettra une courte, mais utile digression historique.

---

(1) Ce mot *esclaves* est constamment souligné pour faire observer qu'il est sans cesse sous la plume des gens de couleur.

Ces hommes de couleur, propriétaires, ont, parmi leurs esclaves, des négresses. Ces négresses ne sont pas les seules inaccessibles aux foiblesses des blancs (1), dans les villes et les bourgs principalement, où tout est bon pour des matelots et des pacotilleurs.

Qu'arrive-t-il? Le père met à la voile; la mère enrichit la population d'un homme de couleur de plus, qui est, *ipso facto*, esclave d'*un homme de couleur, son semblable, et souvent d'un nègre.* Ce petit manège se répète souvent, car il n'est pas un acteur du drame qui ne trouve ce jeu doux, et voilà justement ce que des hommes de couleur appellent *genre de produit.*

Appelleroient-ils autrement, je le demande, ce que leurs troupeaux de vaches et de jumens produisent dans leurs hâtes (2)? N'assimilent-ils pas, ces gens de couleur, les résultats de la population de leurs esclaves à ce que produit une terre qu'on rend meuble, que l'on manie et retourne en tout sens, que le défaut d'industrie, la paresse et la fantaisie de tant d'hommes condamnent même à être éternellement nulle et foulée aux pieds?

Quelle leçon ! Tel est l'effet de l'imprudente manie de prononcer sur tout, même sur les objets que

---

(1) C'est ainsi que la décence me prescrit de désigner ce qu'un ministre du Dieu de la pudeur nomme *les sales explosions de la débauche.*

(1) Les *haras* s'appellent hâtes aux Antilles.

l'on ne connoît pas ; on est redressé ; et par qui?

Des hommes sans éducation, sans lumières, qui ne voient la nature que comme elle frappe leurs sens, et qui la voient sous une infinité de formes encore plus variées dans les hommes que dans les autres espèces d'animaux et dans les végétaux ; ces hommes, (sans en avoir la prétention) démontrent aux législateurs de la nation, qu'il est absurde de dire indistinctement que *tous les hommes naissent et demeurent égaux*. Nous ajouterons qu'il est dangereux de le dire, même en France, à ceux que la politique et tant de rapports divers ont *étagés* dans l'ordre de la société.

Ce sont des hommes que l'assemblée nationale comble de bienfaits, et c'est à l'instant où ils les obtiennent qu'ils documentent ainsi l'assemblée nationale.

Leur lettre enfin, que je regarde, à de légères circonstances près, comme un bon texte d'instruction, mérite d'être lue.

Elle parle d'*injustices*, de *longs malheurs*, et,... quoique cela ne soit pas équitable ; car enfin, les gens de couleur n'ignorent pas que les Colons eux-mêmes, assujettis au joug du despotisme ministériel, ne disposoient de rien, n'avoient ni municipalités, ni corps administratifs. Le mot *citoyen actif*, dont l'assemblée nationale a décoré si précipitamment quelques hommes de couleur, existe à peine dans les Colonies ; il n'a donc pas pu être question, jusqu'à présent, d'admettre les gens de couleur aux fonctions administratives. Voilà cependant l'objet des plaintes d'un très-petit nombre de ces hommes de couleur résidens à Paris.

, N'importe *ubi plura nitent , non ego paucis offen-dar maculis.* La lettre que nous citons, n'est point souillée par les horreurs dont **M.** l'abbé Grégoire a fourni les modèles ; elle ne parle que de *longs malheurs , d'injustices et d'extinction d'un préjugé.*

Le mot *sang* y est-il tracé ? Ce n'est point comme dans la lettre de **M.** l'abbé Grégoire, pour repro-cher aux Colons *la férocité d'hommes de sang ;* c'est dans un sens patriotique et édifiant.

« Si vous avez , disent-ils , versé quelques gouttes
» de sang pour conserver à la nation ses Colonies,
» vous devez aujourd'hui le répandre jusqu'à la der-
» nière goutte ».

Si ces imputations , (*impostures lâches et atroces.
--- Cruautés exercées contr'eux. --- Poignards et la
mort. --- Terres imbibées de leurs larmes et teintes de
leur sang*) , étoient fondées et prouvées , qui doute que les quatre signataires de la lettre n'eussent été empressés à les y révéler ?

Mais, nous l'avons déjà dit , et nous aimons à le répéter, ces hommes, que l'exemple d'un ministre de la religion pouvoit rendre accessibles à la ca-lomnie , ont conservé la franchise du climat sous lequel ils sont nés ; et que l'on ne croie pas que la crainte d'être démentis par leurs frères résidens dans les Colonies les ait retenus , non ; leur cons-cience seule leur a imprimé ce respect pour la vérité.

Il n'appartenoit qu'à **M.** l'abbé Grégoire *seul* de se livrer à la plus sanglante diatribe, sans missions , sans titres , sans preuves , qui légitimassent ses atroces inculpations.

Terminons, il en est temps, cet affligeant com-
mentaire.

Nous avons montré M. l'abbé Grégoire se livrant
avec acharnement à des démarches absolument inu-
tiles au décret du 15 mai, et contraires à celui du 13.

Le rapprochement de sa lettre avec celle des personnes qui paroissent être ses commettans, fait voir
unité de but, mais une opposition dans les principes et dans les conséquences sur-tout, qui aggrave
le tort de conjurer tous les orages de la malédiction
et de l'exécration sur les propriétés et sur la tête
des Colons. En lisant enfin la lettre de M. l'abbé
Grégoire, on reconnoît que la haine, l'esprit de parti,
le fanatisme et la calomnie sont les malfaisans génies
qui l'ont inspirée.

Que faut-il de plus pour rendre efficace cette dénonciation ? La rapprocher une seconde fois du texte
de la loi, et retracer l'engagement solemnel que l'Assemblée Nationale a contracté : . . . .

« Met les Colons et leurs propriétés sous la sauve-
» garde spéciale de la Nation ; déclare criminel en-
» vers la Nation quiconque travailleroit à exciter
» des soulèvemens contr'eux ».

Juges ! considérez, relativement à l'importance de
nos Colonies, qu'affligées de troubles intestins, leur
situation actuelle exigeoit des procédés de mansué-
tude : « M. l'abbé Grégoire ne vous en a inspiré que
de violens ».

Juges ! considérez, que, lorsque tout se réunis-
soit pour écarter une décision quelconque sur l'état
des personnes dans les Colonies, jusqu'à ce qu'on
fût appelé à traiter avec connoissance de cause tout

ce qui tient au régime colonial dans ses rapports avec la constitution du royaume, M. l'abbé Grégoire, non content d'avoir provoqué un décret dangereux, provoque encore, par des prédications incendiaires, une entière assimilation à cette constitution, dans laquelle l'assemblée nationale a décrété « qu'elle n'entendoit point comprendre les Colonies ».

Juges ! de ces griefs, pour la troisième fois, je rapproche votre engagement solemnel :

« Déclare criminel envers la Nation quiconque » travailleroit à exciter des soulèvemens contre les » Colons ».

Juges ! prononcez.

POST-SCRIPTUM.

Ce 19 *Juillet* 1791.

QUELQUE puissant que soit l'arrêt de proscription, prononcé dans le décret du 8 mars 1790 , contre « ceux qui travailleroient à exciter des soulèvemens contre les Colons » , nous ne devons pas négliger de nous appuyer encore de celui que l'Assemblée Nationale a rendu hier, d'après la proposition de M. de Regnaud de Saint-Jean d'Angely.

» *Toutes* personnes qui auront *provoqué* le meurtre ,
» le pillage ou l'incendie, soit par des écrits publiés,
» soit par des discours prononcés dans des assemblées
» publiques, seront traitées comme séditieuses et
» perturbatrices de la paix publique ».

Les deux écrits publiés dernièrement par M. l'évêque de Blois, sous le titre de LETTRES, (l'une aux citoyens de couleur et nègres libres de Saint-Domingue ; — l'autre, à ses diocésains, sur le départ du roi), sont, à la vérité, antérieurs à ce décret ; mais ils sont postérieurs à celui du 8 mars, qui, tout au moins, en acquiert plus d'action et de force. Et lors même que le décret du 18 juillet n'influeroit pas sur la justice qui doit être faite de M. l'abbé Grégoire, il s'ensuivroit néanmoins que ses écrits le rangent dans la classe des personnes que le corps législatif déclare séditieuses et perturbatrices de la paix publique.

Saisissons cette occasion de bénir la justice de l'Assemblée Nationale, qui se déploie enfin contre ces hommes d'autant plus audacieux, qu'étant dans son sein, ils s'y croyoient inexpugnables, et d'autant plus dangereux que, sous l'étole pontificale, ils ont cru pouvoir braver l'impunité.

. Ce n'est pas tout : je dois encore à ma patrie, aux Colonies, de faire observer que tous les écrivains ou les orateurs qui, au sujet de l'inviolabilité du roi, ont excité le feu de la sédition par des opinions autant inconstitutionnelles qu'incendiaires, sont précisément ceux qui, par l'abus de leur éloquence, ont écarté l'Assemblée Nationale de la route qu'elle s'étoit sagement prescrite relativement aux Colonies, par ses deux décrets du 8 mars et du 12 octobre 1790.

Actuellement que l'excès du délire d'une fausse philosophie a fait tomber le masque de ses sectateurs, combien les bons esprits, qui ont contribué à faire rendre le décret du 15 mai, doivent être embarrassés ! Tranchons le mot, combien ne doivent-ils pas éprouver de remords, en appercevant de qui ils ont reçu alors la commotion électrique ?

Je me plairois sur-tout à chercher ces remords dans la conscience de deux membres du corps législatif, qui, par la droiture de leur patriotisme, ont donné tant de poids aux fanatiques, par lesquels ils se sont laissés entraîner.

L'un d'eux a appris chez les plus fervens apôtres de l'égalité, parmi les Quakers, que le pays de la liberté, l'Amérique Septentrionale a des loix par-

ticulières qui obligent à s'écarter de cette égalité (1).

L'autre, député par une province maritime, au-

---

(1) M. de la Fayette connoît certainement la sec-
tion 9 de l'art. premier de la constitution fédérale
des Etats-Unis, qui dit : « the migration, or impor-
» tation of such persons as any of the states now
» existing shall think proper to admis shall not be
» prohibited by the congresse prior to the year one
» thonsand eighs hundred and eighs, but a tax or
» duty may be imposed on such importation, not
» exceeding ten dollars from cach person ».

Traduction littérale.

La migration ou importation de telles personnes,
(Les Américains Septentrionaux n'établissent point
la distinction par les couleurs ; ils ne disent point
nègres, mais certaines personnes) comme quelques-
uns des Etats à présent existans, ont cru convenable
de stipuler que cette admission ou importation « ne
sera point prohibée par le congrès, avant l'année
1808, mais que l'on peut imposer une taxe pour
cette même importation, qui n'excédera pas la som-
me de dix écus par chaque personne, c'est-à-dire par
tête de nègres ». Voilà donc les Etats-Unis assujettis
par la loi, pour 17 ans encore, à respecter cette
inégalité entre les personnes. Et croit-on que cette
taxe de dix écus ne fera pas, ainsi que la justice et la
raison, proroger l'importation ?

roit dû voir, dans la moindre atteinte portée à l'or-
ganisation des Colonies, leur destruction, et dans
cette destruction, le tombeau du commerce, l'anéantissement de la principale source de la prospérité du
royaume. Tous deux trop sages pour ne pas conci-
lier les rapports politiques avec les droits de l'homme
incivilisé , doivent aujourd'hui, que les prestiges
sont dissipés, se rendre compte « que les préjugés
des peuples exigent plus que de la condescendance »;
qu'il leur est dû des égards d'autant plus grands,
que les préjugés ont acquis, par l'habitude, la même
force que la nature, qu'on n'entreprend jamais im-
punément de contrarier.

Ah ! s'il étoit vrai qu'en lisant ainsi dans l'ame du
héros de la liberté et de M. R,..... j'eusse saisi la
vérité ; qui peut arrêter leur ambition noble et vraiment patriotique ? Qu'ils se joignent à moi pour dé-
savouer ceux qui les ont égarés un instant ! que la
vie soit rendue par eux aux Colonies, aux manufactures, à la France entière !

Déjà, le comité de révision, (cette institution
sublime qui mettra la dernière main à la gloire im-
mortelle que l'Assemblée Nationale s'acquiert en
cette circonstance-ci sur-tout), déjà le comité de
révision, dis-je, attend qu'un décret de suspension ,
relativement à celui du 15 mai, annonce d'avance
ce qu'il fera décréter immuablement, « que des
» Colonies, telles que les Antilles Françoises, doi-

» vent être traitées en sœurs, et non pas en filles
» mineures, pour ne pas hasarder qu'elles s'éman-
» cipent d'elles-mêmes.

FIN.

De l'Imprimerie de LA FEUILLE DU JOUR, rue de
Bondi, N°. 74, à côté de l'Opera.